MECANOGRAFÍA DESDE EL CORAZÓN

LA CALLE

MECANOGRAFÍA DESDE EL CORAZÓN

© Ana Gregorio Cano
Diseño de portada: Dpto. de Diseño La Calle

Iª edición

© Editorial La Calle, 2025.

Editado por: Editorial La Calle
c/ Cueva de Viera, 2, Local 3
Centro Negocios CADI
29200 Antequera (Málaga)
Teléfono: 952 70 60 04
Fax: 952 84 55 03
Correo electrónico: editoriallacalle@editoriallacalle.com
Internet: www.editoriallacalle.com

ISBN: 978-84-19519-36-8
Depósito Legal: MA 1429-2025

Impresión: PODiPrint
Impreso en Andalucía – España

Nota de la editorial: ExLibric pertenece a Innovación y Cualificación S. L.

Ana Gregorio Cano

MECANOGRAFÍA DESDE EL CORAZÓN

Editorial La Calle
Antequera 2025

A mi madre, ahora «lala»,
y a mi padre, ahora «abu»,
por haberme alentado siempre.

A Mario, mi persona favorita.

De una familia tradicional,
la mía propia no resultó convencional.
Ama libremente.

BRAILLE

Si mis dedos pudieran hablar...
te dirían que te quieren amar.
Mis dedos tienen la capacidad de recordar
cada una de las curvas de tu cuerpo,
como cuando consiguieron hacerte bailar
respetando siempre tu tempo.

Me has enseñado braille
y, además, dominas la magia
para hacer que mi alma baile.

PRÓLOGO

No es fácil verse el corazón.

Hay muchas cosas de por medio y el tiempo no ayuda. No es fácil verse el corazón como sí es fácil verse la cara frente al espejo unos minutos antes de salir de casa y enfrentar al mundo. Uno no se ajusta el corazón como se ajustaría la corbata o la falda para mitigar el miedo colosal de que los otros nos juzgan y nos apuntan con espadas largas y delgadas como agujas de reloj. El corazón tiene manchas de lluvia que no secan con esperar unos minutos bajo el sol. No despertamos una mañana de un jueves con el capricho de llevar un corazón distinto y dejar el sucio en una canasta, o confiarlo a extraños en una tintorería un fin de semana de camino al supermercado.

Señalo todas estas cosas obvias como si se las explicara a un ser extraterrestre, a un miembro de otra especie. Pero vivimos ciegos a estas verdades tan grandes como lunas hermanas de la luna que conocemos, y cuya gravedad, por más que la ignoremos, no deja de acarrear las mareas de nuestras vidas. Si viviéramos con el corazón de fuera, viviríamos tan poco, pero viviríamos tan bien. Veríamos que todos los corazones se ven igual y sangran igual y huelen igual y pesan igual y que les cabe la misma cantidad de lluvia y que cuando se les acerca una flama, lloran cantando la misma canción. Todos vivimos la misma vida de alguna manera. Lo demás solo deberían ser colores distintos que agraden a la vista en lugar de dividirnos.

No es fácil verse el corazón. Estorba la ropa, la piel, la sangre, el músculo, el hueso, pero, sobre todo, estorba la cabeza. Jamás lo hubiéramos pensado, pero siempre lo hemos sentido. Qué bien que tienes en tus manos este poemario. Eso es acaso otra cosa incluso más obvia, me dirás. No existen los prólogos que lamenten sus libros; los prólogos solo celebran sus libros, palabras más, palabras menos. ¿Qué soldado escupe en su propia tierra? ¿Qué funambulista alcanza la mitad del trayecto sobre el vacío y saca la navaja para cercenar la cuerda?

Imagina que, si es muy difícil verse el corazón, lo difícil que es escribir el corazón, escribirle puertas y ventanas, limpiarle la cocina y atreverse a no pensar en las grietas que lo adornan. Imagina qué difícil es dejar que entres como lector.

Yo celebro que entres a este enorme corazón y que, quizás, después te animes a visitar el tuyo. No está tan desajustado como lo imaginas.

Brian Durán-Fuentes

ÍNDICE

PULGAR

¿Cómo no pude darme cuenta
que hay ascensores prohibidos,
que hay pecados compartidos,
que tú estabas tan cerca?

Me disfrazo de ti,
te disfrazas de mí
y jugamos a ser humanos
en esta habitación gris.

«Con las ganas», Zahara (2005)

DESCUBRIRME(TE)

Mi princesa celeste,
mi reina nunca imaginada.
Desde niña me leyeron cuentos
y mostraron películas
en las que a la dama salvaban príncipes
de rubios cabellos, con espadas brillantes
y veloces caballos.

Conforme fui creciendo,
conociendo varones, ninguno
resultaba ser mi caballero andante.
Ninguno cuadraba con mi idea
de príncipe flamante,
de capa y diamantes.

Lo intentaba: 1, 2, 3, 4... incontables los
intentos, las oportunidades de encontrar
a ese chico que me hiciera querer lanzarme
a sus brazos. Estrechar lazos.

Pasaban los años, las gentes,
pero ninguna de las mentes
me despertaba las ganas de soltar
mis amarras solitarias, arraigadas
y afanadas. Mías. Sin intención
de que fueran de nadie más.

Muchas personas llamaban a mi puerta,
pero ninguna era una fémina. No era una opción.
En los 90, ni ejemplos naturales,
ni relaciones formales
que nos permitieran al común de los mortales
sentir que, a lo mejor, no era ahí.
Que el problema no estaba en mí,
sino en que a la persona adecuada no reconocí.

La adolescencia fue compleja,
porque además de sentir que mi corazón vivía entre rejas,
la maldad adolescente me dejaba perpleja.
Ahí conocí la soledad de las supuestas amigas,
el interés de los adolescentes curiosos,
y la pureza de contadas amigas
que me tendieron su mano y su hombro.

ASÍNTOTA

Eso soy yo.
Eso eres tú.
Podríamos no ser nosotras.

HIELO

No quiero tratarnos injustamente,
porque hemos existido. Incluso ahora,
bajo tierra.
El presente es certeza.
La mente lo asimila
con torpeza.
Si está fuera de mi control,
debería estar fuera de mi cabeza.
Cabeza, enemiga y aliada, alterada.
Jamás te he mentido.
Tampoco suplicado. Ni provocado.
Ni tentado.
¿Debería haberlo probado?

AHORA NO PUEDO

«Cada roca la convertíamos en una isla;
cada playa, en un continente;
la bahía entera, es un universo»
RAFEL NADAL[1]

Y eso sucedió con nosotras.
Cada sonrisa cómplice ha sido una vida;
cada respiración contenida, una reencarnación;
cada cruce de miradas «furtivas»,
un «te quiero», pero ahora no puedo.
No entiendo tu porqué,
aunque lo respete.
Hoy te has pronunciado
y me gustaría saber interpretarlo.
Qué difícil me sigue resultando
contener la nieve que ruge
cuando la avalancha
es ya inevitable.

---

[1]   Rafel Nadal (2020). *Mar de verano. Una memoria mediterránea.* Catedral, Barcelona.

SIN BUSCAR(TE/ME/NOS)

Habrías sido muy
feliz.
Lo sabes.
Has sido muy
cobarde.
No por irte,
sino por no quedarte.

Llegaste sin buscarlo,
sin esperarlo,
yo tampoco.
No buscaba nada.

Hoy he aprendido
que no sabía que estaba abierta
a nada.

Hoy sé que no busco nada
ni a nadie.

Lo que llega sin ser buscado
jamás podrá igualar a lo encontrado
tras ser buscado.

RECORDATORIO

Me reinvento.
Lo intento.
Reviento por dentro.
Silencio.
No te encuentro.

Tampoco te busco,
lo tengo prohibido,
por amigos, conocidos
y, al fin, comprendido
que contigo
todo (está) perdido.

Me lo había prometido,
no lo he cumplido.
No he podido,
pensé que todo estaba perdido.
Y me mostraste mi yo conocido,
escondido, pero revivido (contigo).

INOCENCIA

Tu foto de aquel instante
vibrante
habita en mí, para siempre.
No hace falta revivirlo
para sentirlo cerca,
fuerte.

Desnuda.
No tengas arrepentimiento.
Vi tu alma mucho antes
que tu piel sin ropa.

La intimidad de tu ser
fue la que me hizo querer
estar dentro de ti, más allá
de en tu cabeza,
sentir tu mirada ardiente
enajenada, cercana,
disfrutona.

No revisites la culpa,
si es que tienes.
En mí solo existe
la pena por saber
que no volveremos a protagonizar
un piel con piel,

un momento de complicidad muda.
Un cortocircuito de miradas
apasionadas, sentidas
y unidas.

Revivo tu esencia,
tu olor, tu calor y tu candencia.

SUPERFICIALIDAD FINGIDA, CONEXIÓN DECONSTRUIDA

No soy fácil.
Tampoco lo nuestro.
Tú eres un libro abierto,
cuando me miras, viéndome.
Cuando me miras y eres el agua estancada de la fuente,
nada natural fluye. Intentas bloquear
el manantial que brota y rebosa,
porque cuando dos almas gemelas
chocan, gozan y hasta cantan.
No bailamos, nos lo prohibimos.
Para una vez que salimos,
nos perdimos las únicas primeras veces,
que no serán.
No me atormentarán los recuerdos
de lo que sí fuimos, pero (siempre) me golpeará duro
el desapego que tu parpadeo pretende proyectar.

ME LLAMAS(TE)

Yo también tuve nombres
en ti y para ti: hoguerita.
Ese fue mi favorito.

Nunca llegamos a la incineración,
pese a la conexión mental
y física. Hubo control, caricias
y abrazos,
pero lo más fuerte fueron los lazos
invisibles, sensibles y extensibles...

Tus manos, las mías,
un placer, dos,
tu parpadeo y esa manera
de modular y tu chasquido.

Aquellos labios que hablaban sellados.
Aquellos ojos que miraban cerrados.
Aquellos suspiros que inspiraban hogar,
confianza y ahora incluso puedo reconocer
que era añoranza
por el adiós que sabías que vendría.
Tu fortaleza se asemeja
a mi incredulidad perpleja
que se tiñe de tristeza.

SALTO AL VACÍO

Puede sonar patético,
pero para mí nunca lo estético
fue una prioridad.
Prefiero arriesgarme
y no perderme,
que helarme por el miedo
a caerme al foso del olvido
por cobarde, por cualquier motivo
que me limitara mi intensidad hasta extenuarme.

QUÉ PASARÍA...

Una mirada, no hizo falta más.
Aquella mirada, la tuya conmigo en ti.
Nuestra mirada, cuando fuimos una.
Bailamos al mismo ritmo,
juntas, sin música,
solo con nuestra respiración
y con mi mano como directora de escena
en el teatro de tu cuerpo,
donde tu guion marcaba el paso.

Tu color, tu olor y hasta tu sabor,
para qué el pudor.

Nada fue planeado,
jamás nos lo habríamos imaginado.
Fuimos sueño
sin cama ni pijama.
Simplemente fuimos,
nos dejaste ser.

ILUSIÓN SIN TECHO

La atención no se mendiga,
pero es que lo nuestro nunca fue así.
Sentí liberación cuando decidiste marcharte
de nuestro último vínculo social.
Continué con mi vida, siempre,
tú eras parte de ella. Me hacías muy feliz.
Decidiste partir,
quererte bien era dejarte ir,
no insistir, intentar sonreír.
No he sabido encontrar felicidad
en la desilusión,
aunque ya me apacigua la paz
de saberme sincera y clara.

ÍNDICE

Con kintsugi sanas mis heridas,
me haces querer volver a verme.
Esta es la única vez que tendrás que arreglarme.
Prometo ser fuerte.
Vamos lento, vamos fino,
controlando un motor encendido.
Que se escuche el eco de mi nombre entre tus gritos.

«Kintsugi», Humbe (2024)

SERENDIPIA MAYOR

(Te) mientes,
no (me) crees.
Sé que (vas) a hacer lo esperado,
estás yéndote (lejos) de ser conmigo.

Necesitas que te deje ser.
¿Qué he hecho yo
que lo impida?
¿Acaso lo planeamos?
Ese fue tu problema.

¿(Cuál) podría ser la solución?
Todo (es) complejo
en este (tu) momento vital,
cuando (mayor) era tu necesidad,
fruto de la (casualidad),
aparecí yo.

(Te) crees,
no (me) sientes.
Sé que (has) hecho lo orquestado.
Siempre has (ido) con cabeza.
Anestesiaste corazón.

CUARTO CRECIENTE

La luna miente
cuando más siente.

¿Y tú...
qué haces cuando sientes?
Tu simiente
está siempre presente.

¿A ella...
por qué le mientes?
Ser sintiente
de mi futuro candente.

La luna no miente,
su amor es creciente.

EXISTENCIA

No te guardo la ausencia,
te celebro la existencia.
Existes y vivo,
brillo y sabemos que somos.
Pienso y existo,
¿a qué esperamos?

ACRÓSTICO

No lo habría pensado
Antes del tiempo de silencio.
Rotundamente habría negado que
Cada vez que me abrazabas, visitabas e
Insistías en un nuevo reencuentro
Suponía solo un alimentar tu ego
Invencible, incansable y que ahora veo hasta irracional,
Solo puedo intentar perdonar tus
Tropiezos si los veo como equivocaciones de un
Alma perdida, que no sabe reconocer que erra en rumbo.

TICTAC

Quien no quiere ver
no es ciega.
Es ingenua,
ilusa,
incoherente.

Ser siempre la que da,
la que crea la situación,
cuando ni existe la ilusión
recíproca,
es una sufridora.

A veces necesitamos sufrir
para ver que quien nos da el tiempo
que no tiene,
pero que crea para nosotras,
es a quien no estamos valorando
como realmente merece.

La vida sigue
con su «tictac, tictac»;
el *cuentadías, cuentalatidos,*
cuentamomentos
y *cuentavivencias*
no se detiene.

Tictac.
Tictac
¿Quién va detrás?

NOSOTRAS

La cantidad de llamadas que no te he hecho.
La infinidad de momentos en los que me he quedado,
sencillamente, pensando en todo lo que te quería decir.
Han sido muchas las horas e infinitos los momentos
en los que yo he seguido en nosotras.

No sé dónde se ubica ese lugar
que yo denomino «nosotras»,
pero sí sé que es un lugar bonito,
cargado de complicidad y, hasta no hace tanto,
para mí era un lugar seguro.
El tiempo es relativo y fugaz. Finito.
Sin dueño, al menos no es mío.
Pero me habría gustado poder congelarlo.

Ahora es utopía, pero hubo un tiempo
en el que [nosotras] fue realidad. Tú y yo existió,
conseguimos conectar sin pensar,
sin forzar, sin tensar. Conectamos,
sin más. Nosotras fue la prueba
de que el paraíso existe,
pero no se puede localizar en un mapa.
Ni siquiera en una foto. No dejamos rastros,
pero sí huellas; al menos, tú en mí sí.
En mí vives. En mí te hallo. Pero no me siento
como cuando respiraba a tu lado en un café,

en una calle empedrada de Granada,
en mi soledad acompañada por tu recuerdo.

La vida no es igual sin ti. Nada puede ser igual
cuando se pierde lo sublime que ilumina(ba)
mi ser: tu efecto en mí. No busco ese [nosotras],
jamás fue un objetivo.
Eres abrigo, refugio, sueño.
Fuiste risa, ilusión y realidad. La que siempre
había soñado, por fin materializada.
Me leías sin hablar,
me inspirabas sin querer.

¿Volverá a suceder?
¿Nos volveré a ver?

INTERROGANTE

Me asalta una duda
que me calma
y hasta me acuna:
¿seremos algún día una?
1+1 = 2, la suma de tú y yo
resulta infinito.

(CARTA) A CORAZÓN ABIERTO

Cirugía maltrecha:
el amor es una operación de alto riesgo.
En mi caso, cuando apuesto, me la juego:
a vida o muerte.
Contigo ha tocado perder(te)(nos),
pero no a mí, yo en esta apuesta
me he encontrado.
Me he vuelto a descubrir, a reconocer,
a recorrer mis rincones secretos
(e incluso, para muchas, prohibidos).

Me habría gustado ser más yo
también contigo.
Respeto que no te apetezca tenerme cerca.
Sigo siendo contigo en mis sueños despierta.
Sería bonito ser tu destino,
mi torre de control te espera (con el radar a punto).
La sala de operaciones
y el quirófano estarán a punto
para que la intervención sea un éxito,
sin víctimas mortales.

(NO) DUELE

No duele tu recuerdo,
tampoco las canciones
que suenan en mi coche,
aunque tú ya no estás.
No duele tu ausencia física.
Hiere la duda de si cuanto dijiste
era realidad o jugar al despiste.
Atormenta aquella mirada extasiada
que revive la noche ¿soñada? y no planeada.
Cada huella de ti en mi recuerdo
me demuestra que eres mi acervo.

DISTALES

Te revisito, para encontrar
esa versión que solo conmigo a solas
dejabas ver, me mostrabas,
no sé si por jugar con mi felicidad
entre la punta de tus dedos,
como cuando me estrangulaban
silenciosos y sedientos
de esos rincones prohibidos,
impenetrados por ti.

Revisito el 11 de diciembre.
Me he quedado allí,
escuchando tu tono de voz.
Puedo sentir tu aroma,
tu calor,
tu cariño,
tu cercanía.
No fue mi imaginación.
Éramos. Fuimos.
Ya no somos.
¿Algún día seremos?

WHATSAPP

El día menos pensado
te escribo.
Te preguntaré si crees
que algún día yo podría
volver a ser. Pero por completo,
no solo la amante, la sobrante,
la figurante.
El día menos pensado
ojalá me escribieras tú.
La respuesta sería sí,
pese a los muros, las trabas
y los amaneceres sin ti.

CORAZÓN

Y no lo entiendo.
No lo entiendo.
Aún no lo entiendo.
Te dicen que no pienses,
que vivas el momento,
y yo sé que no es vivir
reprimir los pensamientos.

«NO LO ENTIENDO», AMARAL (2025)

MISSING SOMEONE, SOMETHING OR MAYBE NOTHING

Nos echo de menos.
Nuestras risas,
nuestra complicidad,
nuestra buena sintonía,
nuestro estar,
nuestro saber estar,
sin haber estado nunca antes.

Ya, tú a nosotras no.
Si nos echaras algo de menos,
por poco que fuera,
quiero pensar que me escribirías.

Creo que más que grande,
jugaste. A estas alturas
ya creo lo que me dicen,
nunca te importé. Solo probaste.
Te retaste. Te equivocaste.

Yo no hago por odiarte.

10826

Llaves viejas
no abren puertas nuevas.

Y no somos conscientes de ello,
porque medimos los nuevos encuentros,
los casuales descubrimientos,
con nuestras herramientas generadas
a partir de lo experimentado, de lo vivido
y de lo sufrido
con otras personas,
con otras actrices,
en otro tiempo. Pasado.

El presente, lo que viene, lo que nos regala
esa persona que nos mira
y que con solo mirarnos
nos dice «te quiero».
Vales muchísimo la pena.
Podrías ser mi buenos días eterno,
que no rutinario.

En ti no puede haber rutina,
porque sentimos igual de intensamente.
Necesitamos crear amor,
no solo el que brota,
sino el que nos inspira cada paso,

hasta hacia el café de bienvenida
a un nuevo día,
hasta hacia el cepillo de dientes
después de cenar y cerrar el día.

En mí no puede haber rutina,
porque siento igual de intensamente.
Necesito crear amor,
más allá del que emana por cada poro
de mí [hacia ti] hacia la vida y el hoy.
El que me inspira cada paso,
porque soy de DAR,
de reflexionar, de imaginar,
de abrazar, de cantar y de bailar.
Y también soy muy de soñar
despierta y hacer realidad
cuanto imagino y depende de mí.
Y esto depende parcialmente
de mí y de ti. ¿Te apuntas?

PRÓXIMO DESTINO

Estaba donde creía querer
estar,
pero ahora sé que (tú) eres
donde quiero ir,
llegar
y permanecer.

DEJARME SER

Nuestro adiós,
ojalá hasta la vista,
hasta la próxima,
«vendré a buscarnos,
que no a encontrarte»,
porque yo siempre estaré.

Yo soy.
Desde el primer latido,
desde la primera pulsión,
desde la concepción.
Yo soy.

Y soy yo,
demostrando
que dejarte ser es la forma
de dejarme ser yo
por calmar el duelo
que provoca tu dejarte ser
sin mí.

RECUERDO

Que me hace sonreír,
que me hace querer
no desterrar el «lo que podríamos ser»,
porque puedo olvidar,
pero no va conmigo.

No te, me, nos esperaba.
Pero hemos sido.
No somos.
Pero podríamos ser.

¿Recuerdo
o realidad?
¿Olvidar
o soñar?

Somos una realidad
digna de ser soñada.
¿Te atreves?

NADA NOVEDOSO

Incluso poco original,
porque te lo conté.
Más que triste, decepcionada.
No es por la ilusión generada,
ni por las falsas expectativas.
Tal vez incrédula, por volver
a visitar esos fantasmas.
Esas mazmorras que creí
tapiadas, con esas partes de mi alma
emparedadas.
Conmigo, dentro.

IRRACIONALIDAD ALECCIONADA

El amor es todo, menos racional.
Si lo buscas, no lo encuentras.
Cuando simplemente se da,
irremediablemente hay que abrazarlo.
¿Quedarse con las ganas o con la anécdota?
Ninguna. Yo lo que quiero
es que te quedes conmigo.
Que no me busques,
porque ya me has encontrado.
Tu recuerdo no lo quiero.
Te quiero viva, presente,
activa, feliz, sonriente, plena,
libre, en vuelo, en ruta, en torre,
en tierra, en casa, *everywhere.*
Te dejaste llevar.

HAMSTER WHEEL

Gira y gira,
vueltas y vueltas.
Idas y venidas.
Llegadas y partidas.

Mareas que suben
y bajan.

Tormentas que provocan
lluvias,
truenos,
rayos,
lágrimas,
que despiertan miedos
y destruyen sueños.

El poder de la mente
de la distancia forzada
y no buscada
por la otra
resulta abrumadora,
dañina
y, lo peor,
gratuita y no merecida.

Eres una desconocida.
Y duele.

INSPIRACIÓN

Eres mi gallo favorito.
Pero no por despertarme
cada mañana. Nunca me has despertado,
aunque sí me has hecho madrugar
para ir a desayunar contigo.
El desayuno era la excusa
para que el primer «buenos días»
fuera el nuestro.

Pero lo que más me gustaba de ti
no eran las mañanas, ni mis despertares,
ni mis anocheceres (sin ti).
Eres mi gallo favorito,
además de mi avestruz, por miradas profundas
y curiosas, dulce.

Eres mi gallo favorito,
porque despiertas en mí
lo que para todo el mundo duerme:
mi yo más bonito,
mi versión romántica, secreta,
profunda y privada.
Mi vado permanente.
Eres la persona capaz de acariciar
esas partes de mí que solo otra persona
en toda mi existencia supo zarandear.

Tú, hasta que decidiste desaparecer,
solo las habías acariciado y alimentado:
con tus visitas furtivas, tus sorpresas ¿inocentes?,
tus cafés y tus golpes de hombro.

Si tuviera que renombrarte en mi listín,
en mi agenda,
este sería tu nombre: varadero.

ARPISTA

Además de todas
mis teclas,
acariciabas mi alma,
acurrucada en mi regazo,
me dabas calma.
Nos equivocamos,
no éramos teclados,
éramos música.
Tus cuerdas y las mías,
mágicas sinfonías
que no estaban preparadas
para ser escuchadas.
Supimos leer nuestras letras,
nuestras partituras,
y acariciar sin desafinar
cada cuerda, con una mano
en la columna y otra
en la curva.
Pie con pie,
pedal y pie.
Mi caja de resonancia enmudecía
cuando tus manos
tocaban mis clavijas.
Cuando tu barbilla coronaba mi capitel,
poco podía yo hacer.
«Paso» fue la palabra en clave

para evitar confesar(te)
lo que tú ya sentiste:
me enamoraste.
Me reconozco contigo,
me revisito y me encuentro.
Mi yo perdido (en realidad, escondido)
contigo veo que existe.
La pena es que ya no estás,
te fuiste.
¿Me quisiste? Eso dijiste.
Yo sí. Lo dije y lo hice.

PERDIDA

Sin buscarme,
me encontré (contigo),
que no en ti.
Si algo me enganchaba,
me acercaba y me imantaba
era esa sensación
de que tú me leías
mi historia no escrita.
Yo para ti soy transparente,
yo contigo soy infinitamente
mejor (para mí).

Lo jodido de esta
voladura de tapones
es que no depende de mí.
No es mi voluntad,
es casualidad,
es conjunción de dos desconocidas
que se hallan aliadas,
a destiempo o contratiempo.
Si por mí fuera,
congelaría el momento
en el que yo
(te) importaba.

1984

Mecano cantaba eso de...
«busco, busco, busco entre los trapos;
busco, busco, busco algo barato».
Y no te buscaba, pero me encontraste
y visitaste.
Yo no puedo hacer lo que tú iniciaste.
Me pediste distancia, destierro y entierro.
Yo no te puedo buscar,
aunque sepa dónde estás.
Te vas a ir, también de mi ciudad.
De mi vida ya marchaste
para jamás regresar.
Duele, hiere...
Mi yo te quiere.

Yo ahora no te puedo buscar,
pero no (te) dejo de encontrar
en canciones, anécdotas,
referencias y fotos.
Si tú supieras todo lo que te pienso,
creo que entenderías lo que me dueles.

Mi descubrimiento precisamente barato
no ha sido.
Por ti (casi) me he perdido.
Lo he vuelto a hacer: bajé barreras,
me di a ti.

¿ME CREES?

Seguro que no,
seguro que ni me piensas
en tus momentos de soledad.
Yo sí te pienso, te revivo y te reavivo,
consciente y voluntariamente.

No te odio, en absoluto.
Te sigo queriendo,
echando de menos y cuidando.
Te hablo en el silencio de mi reflexión,
escribo en el ruido de mi conversación contigo
y no te busco.

No dueles. No existes. No eres.
Fuiste, te fuiste.

A veces te veo, sin buscarte,
nos encontramos, pero no te saludo.
No te hablo, no te miro,
no te violento.

Los años de duelo, de destierro forzado
y de amor desesperanzado
me enseñaron que el amor romántico
no siempre es correspondido,
y no por ello es menos real ni sentido.

No menosprecio mi capacidad de amar
a alguien que no puede quererme.
No tengo reproches, ni remordimientos,
ni tormentos.

Me tengo a mí, te tengo conmigo,
en mi recuerdo y en la eternidad
de aquella noche en mi coche donde fui tu nido,
tu refugio donde acurrucarte en pijama
ante mi mirada asombrada.

HIBERNACIÓN

Yo estaba tranquila,
hasta que me revisitaste.
Mi yo del pasado,
mi yo —sin saberlo— des[en]terrado.
Guardado casi acorazado
por temor a ser despertado.

Sin saberlo, te añoraba,
Ana.

MURO DE CRISTAL

No sé si para título del libro,
pero sí para un poema.
Con lágrimas en los ojos,
que son cristales que se clavan
en el alma, esa que sigue anclada
en el 27 de noviembre: la mía.
En tus abrazos,
en tus mensajes, en tus dibujos,
en tus *Post It*.

Tal vez, al ser de cristal,
no vi que poco a poco ibas construyendo
ese muro del que yo te hablé.
Pero te hablé de él para decirte
que no lo iba a construir.
Que lo podía hacer,
pero que no te lo merecías,
ni yo tampoco.

Amarte podría haber sido
el auténtico placer.

Duele. Más de lo que imaginas.
Duele reconocerme y que no estés.
Hiere saberme presa de mi cabeza.
Hiere saberme esclava de mi corazón.

Sana saber que sé querer.
Alegra y entristece por igual saber lo que es amar.
Y tú (ya) no estás.

TRISTE

¿Love bombing?
¿Breadcrumbing?
Desconozco la etiqueta
de tu fórmula, pero si algo ha resultado,
ha sido el puzle de las letras:
[T]antos momentos
[R]adiantes sonrisas
[I]mprovisados cafés y abrazos
[S]utiles caricias
[T]remendas ganas de más
[E]n tiempo récord.
No sé si bombardeo de amor
o migajas de pan, pero añoranza
de nuestros momentos
tengo para aburrir.

AMBROSÍA

Aquella mirada callada.
Aquel gemido sentido.
Aquel aullido compungido.
Tu placer fue el mío.

Tu mirada en mí clavada.
Tus dedos ahorcando mi cuello,
tu labio mordido,
tu nariz en mi oído.

Respiración entrecortada
y, de nuevo, tu mirada,
tu mueca, esa tan tuya:
ardiente, caliente, toda tú presente,
sintiente.

VACÍO

Te revivo y resucito
cada día, cada semana.
Ya van varios meses.
Lo sé, tú a mí no,
lo noto.

LOZZO ATESTINO

Ni en este pintoresco pueblito
mi cerebro se olvida de ti.
«Atestino» se me antoja similar
a «hacia destino»,
y eso, para mi alma, sin duda,
eres tú. Aunque no vaya a ser.
Aunque nunca pueda volver a ser.
Leo, pienso, respiro, escribo,
suspiro y me cuido.

No me cuidé de levantar
barreras infranqueables
como la muralla de Verona.
Antaño mi corazón era una caja acorazada,
porque temí que volviera a ser perpetrada.

Sin embargo, contigo me descuidé
y por ti yo fui conquistada,
mi pequeña avestruz despistada.
No me avergüenza saberlo,
ni mostrarlo ni contarlo.
Contigo yo podría volver a ser
la romántica, la detallista,
la creyente, la eterna enamorada.
Ahora me convierto: vuelvo a ser la ausente,
elegido consciente y libremente.

CUENTA ATRÁS (DEL 10 AL 1)

Diez días a tu lado equivalen a
nueve meses de ilusión, subidas y bajadas, cual embarazo.
Ocho años de espera merecerían la pena por
siete semanas eternas como las que vivimos.
Seis veranos más sin ti podría sobrevivir si
cinco décadas me aguardaran a tu lado.
Cuatro años «convividos» en la misma ciudad y a
tres meses escasos para marcharte me regalas
dos meses de felicidad suprema que se me antojan insuficientes para
una vida, la única que tengo.

ESCALOFRÍO

Tu piel erizada.
Con solo mi nariz
en tu lóbulo izquierdo,
tu alma se ruborizaba.
Tus labios hablaban mudos,
sellados y armados de lealtad
a la legítima, que no por ello adecuada.
El amor no entiende de programas;
esa es la cabeza, que todo endereza.
Alinear deber con perder
no suena bien, por eso no lo dijimos.
No fue adiós, ni fuimos error,
simplemente silencio, tierra
y distancia.
Siberia se siente cálida
en comparación con tu ausencia
en la misma ciudad.
A 4 kilómetros, esa es la distancia
de nuestras noches.
A 400 metros, esa es la cercanía
de nuestros días.
Nuestros corazones tienen
orden de alejamiento,
por si te enamoras de mí.

RECONEXIÓN

Hoy ha sido un día revisitado.
Sin planificar, sin sobrepensar,
sin esperar... Ha sucedido, sin más.
Lo he agradecido, consciente
e inconscientemente.
Paz, silencio, que no eco.
Parece que la piedra ha hecho ploc,
tras la caída libre desde el abismo
de la incertidumbre.
El desasosiego del alma
agota y derrota.
La certeza, aunque dura,
es tangible, asimilable,
un punto de re-partida,
desde el que volver a construir.
El balance es positivo.
Mi recuerdo te mantiene viva,
pero ya no dueles;
al menos, no tanto.

CORAZÓN ~~DE TRAPO~~

Volver a casa, estar en paz.
La paz, la calma, la nada en el todo.
Creo que, por fin, nos he ubicado,
que no solo a ti, sino a mí en todo esto.
Un día todo a flor de piel y otro,
como por arte de «magia potagia»,
con la máxima de *carpe diem*.
Semanas de mortificarme, machacarme,
de mutilarme y flagelarme,
de constante búsqueda de etiquetas
y nombres a sentimientos en gestación.
Emociones complejas y (para pocas) tangibles
que son efervescentes,
pero en mí permanentes.

HILOS DE SEDAL

Nuestro vínculo fue casi invisible.
Aprendimos a ocultarlo a los ojos del resto,
hasta tal punto que hasta tú
pudiste obviarlo. ¿Incluso odiarlo?
Nuestro romance fue modesto en momentos,
rico en intensidad, calidez y bondad.
Si algo hice fue darme
con tus límites y tus cambios de ritmo.
Nuestra conexión sigue siendo invisible,
por tu parte impasible.
Es probable que nunca llegues a saber
lo mucho que me he enamorado
de cuanto he deseado
compartir a tu lado.

FINAL INESPERADO

Se ha intentado,
y eso es, en los tiempos que corren,
un hito maratoniano.
Lo hemos luchado, soñado
y forzado.
Y el amor de vísceras
nace, surge, no se rasca (y gana).
Si fuese cuestión de dinero,
todo habría invertido.
Siendo cuestión de azar,
poco pude asegurar:
solo mi perseverancia
y paciencia.
Osada extravagancia.

El amor no es a la carta,
el amor no siempre es valiente,
ni candente,
pero siempre debe estar presente.
Aquel amor ausente
es doliente
y con final efervescente.

HASTA CUANDO SEA

Puede que no sea la mejor despedida,
la más romántica,
la más apropiada,
la más esperada...
Pero ¿cómo hacerle entender al alma
que ya no se puede?

No podemos quedar para un café,
ni para repasar,
ni para pasear,
ni simplemente para parpadear en silencio sonoro.
No podemos saludarnos,
ni casi pensarnos.

Las despedidas del alma
no necesitan palabras.
Necesitan tiempo, calma,
lágrimas, sonrisas que apapachen
esos momentos de soledad no buscada,
pero encontrada con necesidad.

Las despedidas del alma
buscan esperanza como ungüento
para calmar el fuego candente que genera
la pérdida, la distancia, el adiós.

Las despedidas del alma duelen,
aunque fueran necesarias,
aunque fueran inevitables.

Los amores sagrados, esos que perduran
todos los años de vida de la sintiente,
son secretos. No todos los amores
que vivimos son sagrados, eternos
y mágicos.

Hay amores carnales, costumbristas,
cómodos, terrenales o, simplemente, necesarios.
Todos los amores son válidos, siempre que sean sanos.
Siempre que nuestros latidos no duelan,
pese a que sepamos que no vibramos,
que nuestra alma está desconectada, en pausa.

Hay amores que duran toda una vida,
donde el alma tiene el mando del dispositivo
de control de las cuerdas, como si de un títere se tratara.
El alma mueve las cuerdas, se encarga de todo,
lo controla, raramente sufre por ese amor carnal,
costumbrista, cómodo, terrenal y racional.

Sin embargo, el alma padece un mal perpetuo y constante,
una dolencia crónica: saber que puede amar,
con cada una de las letras,
pero sin estarle permitido
por ese adiós,

por esa despedida de su destino,
de su montaña, de su varadero.
En silencio.

ANULAR

Y hago que no pasa nada y me pierdo entre la gente.
Mientras tú te vuelves loca, yo me vuelvo transparente.
Oye, mira, sí que pasa, pasa y mucho, y lo que pasa eres tú.

Y tú bailando, bailando, bailando.
Y yo llorando, llorando por ti.
Me voy muriendo mientras bailas.
Me voy muriendo mientras bailas.

«EL FIN DEL MUNDO», LA LA LOVE YOU (2013)

SIEMPRE

No necesito el tiempo para saber
que puedo.
Sé soportar más
de lo que aparento.

Hay decisiones que conscientemente,
en frío, en silencio, en la soledad sin ti,
se toman solas.

No es miedo a afrontar tu adiós,
no es temor a experimentar el cambio,
es no querer soportar la soledad
de ser sin ti.

Eres risa, paz, seguridad de ser, alas,
vuelos, calma, nervios, ansiedad por no poder ser...
Pero somos. Siempre seremos. En mi recuerdo,
en mis momentos de soledad conmigo misma.
En mí ya eres para siempre.

Nada cambia. Pasan las horas, los días,
las semanas, desde aquel primer adiós
y la conclusión es siempre la misma: seremos.
Igual que ya fuimos, sin saberlo.

Porque yo te he querido siempre
sin saber que eras tú.

DE LOS LUNES MEJOR OLVIDARSE

Los lunes nunca han sido
nuestro mejor día.
Hemos sido más de martes,
de jueves,
de viernes...

En mi *bucket list* hay un ojalá:
los domingos contigo.

TU +1

Yo soy tu tipo.
Soy del tipo que quiere quererte,
que sabe quererte
como te gustaría,
sin que me lo pidas.

Yo soy de las que busca, crea e inventa
el tiempo de donde no lo hay.
Las ganas hacen que pueda generar una ocasión especial
donde otra persona solo vería rutina.
Los planes se reinventan
para que, aunque no estuvieran programados,
salgan adelante.
Esa es mi actitud ante la vida, ante lo que amo,
ante lo que me importa.
Se disfruta, se vive y se exprime.
1 minuto, 1 hora o 1 día (ojalá)
a tu lado son imperdibles.

Yo soy tu tipo: me gustan los Twix,
los *croissants*
y el café en tu compañía.

REFLEXIÓN

Nace desde mis vísceras la sensación
de que mi tristeza y mi desazón
surgen de la certeza
de que me estoy revisitando.

Probablemente no ha sido recíproco,
aunque a veces sí ha sido idéntico,
cual gemelas que nacen
con una diferencia de segundos,
y que son casi espejos,
fieles reflejos en apariencia,
pero no en esencia.

Me gustaría creer que mañana,
sine die, cumplirás tu palabra, ya mancillada,
con alguna que otra mentira y traición.
Tal vez también desde las entrañas o vísceras,
porque fue baja.

Aunque escriba esto,
sigo confiando, porque una cosa
es lo que muestras hacia fuera
y otra, de puertas del coche
para dentro.
O en tu sofá.

MI *CUENTO DE NAVIDAD*

Ni pensado con premeditación:
de la ficción a la acción,
cual Señor Scrooge, he visitado
mis fantasmas del pasado,
mi yo del presente en versión pasado,
y dos meses más tarde
me veo en mi, por aquel momento futuro,
ahora presente, viviendo sin ti.
Como ya había sucedido.
Como cabía esperar.

Respiro, me valoro, me cuido y me quiero.
Eso que, supuestamente, tanto te obsesionaba.
No me atrevo a escribir preocupaba,
porque cuando alguien te preocupa,
implica que te importa. Y yo no te importé.
Ni en tiempo pasado, ni en presente,
ni mucho menos en futuro.

Cual niña con juguete nuevo me desenvolviste,
me tocaste, me miraste por dentro,
y cuando ya no era la novedad,
en lugar de almacenarme, me botaste.
Eso no se hace ni con un juguete,
ni con alguien a quien escribes
una declaración de amor.
Mucho menos en tu amada Navidad.

Dos meses y medio han pasado
y sigo siendo la misma:
con mi sonrisa, mi lealtad y mi paz.
Yo sé que, por mi parte, nada fue buscado,
pero sí cuidado,
porque si algo he guardado,
es el amor que en cada paso a tu lado
he implantado.

Te guardo en mi recuerdo.
Decido almacenarte como parte
de mi yo eterno: esa que recuerda el pasado,
sonríe en el presente y abraza(rá) el futuro.

TRANQUILA

De aquel «lo quieres, lo tienes»
a «te quiero, tú a mí no».
Puede resonar doloroso,
pero más habría sido vivir
sin haberte conocido.
No duele haberte conocido,
tranquila.
Todo está bien. Estoy bien.

No hay lágrimas, sí, ojos vidriosos;
no hay herida, sí, cicatriz;
no hay duelo, sí, celebración;
no hay tormento, sí, reflexión;
no hay dudas, sí, una conversación pendiente.

¿En tres años un vino?
Tranquila, no vivo esperando.
Lo escribo porque soy así,
yo soy de cumplir lo que siento,
yo soy de celebrar lo que encuentro,
yo soy de afrontar lo que nace.

Tranquila, todo está bien.
Mi pequeña gran revolución,
gracias, aunque no me leas,
aunque no me quieras,
aunque no te compense(mos).

Recuerda: sonríe.
Le envías energía positiva al cerebro,
y tú eres 50 % cabeza, 50 % corazón.

LA ESPERA

Mientras mi cerebro intenta encontrar la vía
para paliar la agonía de los latidos cada día,
mi corazón sabe que toda la vida estaría
esperando tu «hola, he vuelto. No te mentí,
ahora soy una mejor versión y vengo a por ti.
No estaba preparada,
no estábamos en el mismo momento.
Ahora, al menos, yo estoy en uno mejor
y te puedo querer como mereces».
Mi carta a los Reyes Magos: que me busques.
Me encontrarás,
porque las almas que conectan
no se merecen el destierro de no latir al unísono.

INTENSA

En los últimos tiempos me han pasado muchas cosas,
precisamente, por mi intensidad,
por no saber vivir la vida sin experimentar
lo que encuentro en el camino,
lo que siento que no puedo ignorar,
por simplemente latir al ritmo que lo hago.

Cada latido suena como un silbido,
pese a que sea difícil para mí: no es obstáculo,
sino una llamada a la superación,
a mi reinvención, a mi búsqueda de la pasión.
Esa que llevo dentro y que concentro,
la condenso y guardo muy en silencio.

Lo que duele me desgarra,
pero cada herida solo me despierta
las ganas de sacar mi garra,
mi raza, mi duende, ese cóctel que hace de mí
una adicta a los retos, a los imposibles,
a esos amores que están reservados
a los filmes que yo tengo como destacados
en mi filmoteca vital.

Soy una romántica empedernida,
una exploradora en busca de amor de película
que te empalaga con solo un minuto

y te devuelve a la vida tras años de letargo
conformista.

Lo mío es adicción a los retos,
al cortisol insaciable que anula la cordura
y canaliza la vida hacia ese pico de intensidad
que culmina con el espejo del alma
en el que el diálogo evitado, con tu yo enterrado,
te recuerda que vives como quieres,
porque no puedes obligar a la otra
a que se tire sin red, sin garantías,
pero con la paz de vivir para amar
sin frenar.

Mi amor tiene un vado permanente,
solo para esa ser sintiente,
que sea paciente
y sepa reconocer en mí
que soy brújula en una montaña
todavía en formación.

El amor que yo defiendo
nunca deja de crecer, no se acomoda,
ni se apacigua, solo sabe conquistar
e ir a más: en cada beso, en cada verso,
en todos los contextos.

PENITENTE

Te idealizo.
Probablemente,
como ya eres la ausente
en mi mente siempre te quiero presente.
Te materializo
constantemente,
porque sigues latente,
candente, recuerdo ardiente.

No te quiero solo en mi yo sintiente.
Quiero un nosotras, juntas,
plenas, seguras. Deseo un imposible.

¿Por qué esta mi seguridad?
¿Idealizada locura? ¿Voluntaria tortura?
Fuera como fuera,
sigo siendo tu hoguera.

QUIÉREME OTRA VEZ

Si pudiera pedir algo,
además de salud,
sería querer a alguien
como he sentido por ti.
Pero ese tipo de amor no es a la carta:
nace, surge, brota y rebosa.
Me quedo aquí,
por si decides dejarte ser (conmigo).

CALMA

He aprendido a ser paciente.
A reservar mi mejor yo,
hasta no hace tanto solo para mí.
Ahora que ya no estás conmigo,
ni yo contigo, he decidido esperar un poco más.
Hasta que pueda decirte «hasta siempre».
Y que entiendas y seas consciente
de mi lealtad hacia lo que pudo haber sido.
Yo he comprendido que el alcance
de si hubiéramos sido
me compensa más que cerrar,
pese a que ya hayas partido.
Si fuera puerto, jamás volverías.
Si fuera pista de aterrizaje, desconozco
qué podríamos haber tenido.
Soy mujer, serena y segura,
que confía en el *fatum*
y en que, si realmente algo fue realidad,
que no juego o fantasía maquiavélica,
me llamarás. *Sine die.*
Sin caducidad, espero.

MEÑIQUE

Será nuestro plan cruzar horizontes,
dejar nuestro nombre en el último umbral,
que no importe el dónde, seremos el norte,
la voz en la niebla, la calma en el mar.

Será nuestro plan amar en el siempre,
beber del presente, gritar tu verdad,
siendo conscientes de la enorme suerte
de ser y estar, de ser y estar.

«Alas», Shinova (2024)

LIFE-LONG LEARNING (SINTIENTE)

Haz lo que sientas:
no estamos aquí para siempre.
Eso has sido tú para mí,
he re-aprendido que soy sintiente.
Que te siento y te he vivido,
con líneas rojas,
pero bajando barreras y saltando murallas,
incluso las de cristal.

Aquí sigo en la estantería esa
que me colocaste
con los monos que se tapan
orejas,
boca
y ojos,
para no escuchar cómo cantas en el coche,
para no dejarse embelesar por tu risa,
para no leer tus suspiros al parpadear.

ELEMENTOS

Hielo, frío, iglú.
Esa eres ahora tú.
Hoguerita, calor, hogar.
Esa soy yo. Ayer y siempre.

ME ENAMORÉ

Decidí —sin yo saberlo— enamorarme
sin red, sin freno y sin escudos.
Hay sentimientos que duran un día
y se sienten toda una vida.
Así serás tú para mí.

Esa chica que, sin reconocerlo,
me buscó, pero que cuando me encontró,
se asustó. Dudó, se aferró a los peros
y perdió la oportunidad
de flotar de felicidad.

La mediocridad aporta mucha seguridad.
Lo esperado te da la tranquilidad de lo planeado.
El conformismo es un colchón
que no produce tortícolis,
siempre que la almohada
se mantenga como buena consejera:
aliada, en calma y sin novedad.

AUCH

Duele. Desde que tú no estás,
no todas las nubes son grises ni bailo reguetón.
Aunque escucho las canciones del coche,
las tuyas y otras que vinieron después.
Desde que (tú) no estás,
se han acabado las conversaciones a deshoras
y las Spotify Jam.

Suena «Niñata». Es verdad, los lunes por la mañana
nunca te sentaron bien.

Mis letras desordenadas, esas siguen conmigo
y van tomando forma.
Cada tecla, cada latido, cada zancada,
cada mirada al atardecer, al horizonte...

Escribo casi todo,
menos algo.

Y es verdad, no te pido nada.
Nunca lo he hecho.
Lo que tenía contigo no [sic] me lo da mi guitarra,
porque éramos fusión, una combinación mágica,
química cerebral (y física,
aunque no nos dejásemos ser).

Escribo casi todo,
menos algo.

Te has quedado más de lo que te imaginas de mí.
Yo me he quedado en algún lugar de nosotras.
Más allá de mi camisa,
mi pulsera, mis detalles...

Te has adueñado [¿sin querer?] de momentos
que eran nuestros
y los has enviado al destierro del olvido.
Sin letras olvidadas, ni desordenadas,
en una caja acorazada
para que sea un no lo veo, no ha existido.

Aunque fuimos
y, en mi mente sintiente, seremos.
Ese recuerdo, ese auch.
Este suspiro.
Esta nueva pulsión,
mi top #1. Tú también.
Siempre.

MI VARADERO

Creo que piensas que me he divertido,
nada parecido.
Tú no eras juego,
pero sí mi anhelo.

Con tu personalidad, la que no muestras,
puedes conquistar a quien quieras,
con tus luces y tus infinitas sombras.
Esas que piensas que yo no he sabido
o podido ver. Casi todas las he intuido.

Lloro, sigo llorando.
El precio que estoy pagando
por tus ganas de probar(me)
o de ponerme a prueba es incalculable.
Duele saberme utilizada,
cual moneda
en la máquina tragaperras.

Yo no he jugado.
He sido tu alfil (?),
esa a la que podías mover
como quisieras, porque para mí,
con que estuvieras tranquila,
todo me valía.

WYSIWYG

Es una realidad, te echo de menos.
Muchas veces a la semana.
Hasta los lunes, que nunca
fueron nuestro mejor día.

Te celebro, te revivo,
me revisito contigo,
aunque ya no estás.

Tengo tu regalo de cumpleaños,
aunque seguro que te lo imaginas.

Supuestamente, yo a ti no te conozco.
A lo mejor tú a mí tampoco
tanto como creías.

¿Sabes? Te vi el otro día
con tu elección esperada
y no se removió nada en mí.
Supongo que soy bastante más cabeza
de lo que se podría pensar.

Ahora ya es una cuestión de estar yo bien.
Estoy bien. Todo está bien.
Me quiero, me cuido, me gusto.

Me gusto mucho. Soy buena persona.
No hay falso fondo, no hay doble rasero.
Soy sencillamente yo. Así, sin más.
Y no es poco.

PARA TODA LA VIDA

Para todos mis días
te elegiría a ti.

Con tu hielo,
tu frío,
tus dudas
y tus planes.

PUNTO SIMPLE CON NUDO ENTERRADO

El poso de tu adiós se esconde
cual nudo bajo la superficie del tejido
de mi corazón herido,
pese a que no ahonde.

Mi corazón late,
mis ojos sonríen,
mis manos acarician nuevas experiencias,
mi cabeza sigue en su búsqueda particular
de respuestas a certezas ahorcadas.
A traición, sin sentido.
Sin necesidad.

Como el punto simple con nudo enterrado,
tú quisiste salvaguardar la estética
y reducir la irritación.

Ahora suena nuestra canción,
una de tantas, como la infinidad de preguntas
y conversaciones que tengo contigo
sin estar tú.
Sigo creciendo, sintiendo, descubriendo.
Sigo siendo yo, la que necesitaba volver a ser.
Con o sin ti.
Pero sí con cicatriz y puntadas,
casi invisibles para muchas miradas.

RCP

Por si mañana no estoy,
he querido que fuésemos
y te he querido
hasta mi último latido.